Texte français: Anne Frère

Loi no 49-956 du 16 juillet 1949 sur les publications destinées à la jeunesse.
Dépôt légal 3e trimestre 1992
ISBN 3 314 20757 3

Croissant de Lune

Une histoire de Winfried Wolf
illustrée par
Nathalie Duroussy

Editions Nord-Sud

Croissant de Lune était un petit Indien. Il n'avait pas de parents. En tout cas, quand il demandait où ils étaient, pour toute réponse, les Indiens de la tribu haussaient les épaules avec indifférence, ou le regardaient d'un air évasif. Croissant de Lune venait d'une autre tribu et cela, on le lui faisait bien sentir. Personne ne lui parlait, pas même les autres enfants.

Parfois, quand il n'arrivait pas à dormir, tellement il était triste, Croissant de Lune se glissait hors du village pour marcher de par la vaste prairie. Il levait la tête vers le ciel bleu et profond, vers les étoiles scintillantes, et il interpellait la lune: «Lune, toi qui es si haute dans le ciel, toi qui vois tout ce qui se passe, dis-moi donc où sont mes parents!» Et comme la lune ne disait rien, il ajoutait: «Puisque je porte ton nom, il faut m'aider! S'il te plaît!» Mais la lune restait muette comme une carpe.

Quand les premiers vents froids se mirent à balayer la prairie, les Indiens rassemblèrent leurs affaires et démontèrent leurs tentes pour aller s'installer dans la forêt. Ils partirent tous, sans emmener Croissant de Lune. Lorsqu'il voulut courir après eux, il s'aperçut qu'il n'était pas le seul à être abandonné: à côté de lui, un poney blanc suivait également du regard les Indiens qui s'éloignaient. Croissant de Lune se sentit soudain heureux: voilà qu'il avait un cheval qui l'aiderait à rechercher ses parents!

Mais le poney était blessé et pouvait à peine marcher. Triste et déçu, Croissant de Lune se mit en route, seul.

Il cheminait tête basse sans savoir où aller. Soudain, il sentit quelque chose de chaud et de doux sur son épaule. Le poney l'avait suivi! Croissant de Lune mit sa joue contre la crinière du poney, l'embrassa en pleurant et lui dit à l'oreille: «Toi et moi, qu'allons-nous devenir?»

Péniblement, le poney se remit en route et de temps en temps, il tournait sa tête vers Croissant de Lune, comme pour lui dire: «Suis-moi donc!» Alors, Croissant de Lune emboîta le pas au poney.

Ils cheminèrent longtemps, longtemps, jusqu'à ce que se profile à l'horizon une forêt. Lorsqu'enfin ils l'atteignirent, Croissant de Lune voulut chercher des baies pour calmer sa faim, mais déjà la nuit tombait. Et comme il avait un peu froid, et très peur des bêtes sauvages, il se serra contre le corps chaud du poney, et ils s'endormirent.

Le lendemain, ils se remirent en route. Croissant de Lune but la rosée sur les feuilles pour se désaltérer, mais il ne trouva presque rien à manger. Cependant, après quelques heures de marche, il sentit une odeur de fumée, ce qui le fit bondir de joie: un feu, cela annonçait des hommes, donc de l'aide! Arrivé près du feu, Croissant de Lune s'arrêta net. Une très, très vieille femme à la chevelure blanche et hirsute était assise là, immobile, les yeux fermés. Croissant de Lune s'approcha timidement. Elle ouvrit les yeux et demanda d'une façon peu engageante: «Qu'est-ce que tu veux?»

«Puis-je me réchauffer près de ton feu?» demanda Croissant de Lune.

«Je suis vieille et je dois bientôt mourir; laisse-moi tranquille», répondit durement l'Indienne. Et en refermant les yeux, elle ajouta: «D'ailleurs, le feu va bientôt s'éteindre.»

Croissant de Lune courut chercher du bois aux alentours. «Seulement du bois qui craque quand on le casse!» cria la vieille. Et lorsque Croissant de Lune revint avec des branches plein les bras, elle lui ordonna: «Dispose-les comme pour faire une tente: cela fait moins de fumée et cela brûle plus longtemps.»

Puis, elle dit: «Tu as faim», et Croissant de Lune hocha la tête. «Quand un Indien crie famine, il mange son cheval», dit-elle. Croissant de Lune écarquilla les yeux de frayeur. Elle rit doucement en disant: «Eh oui! Même les Indiens sont parfois des imbéciles.» Et elle prépara un plat de baies et de graines, que Croissant de Lune mangea avec grand appétit.

Lorsqu'il fut rassasié, la vieille demanda: «Pourquoi es-tu tout seul?»

«Je n'ai plus mes parents», répondit l'enfant tristement. «Moi non plus», fit la vieille avec indifférence. «Tôt ou tard, chacun perd ses parents. Mais pourquoi n'es-tu pas avec ta tribu?»

«C'est la tribu des Corbeaux qui m'a élevé, expliqua Croissant de Lune, mais ce n'est pas ma tribu.»

«Comment t'appelles-tu?»

«Croissant de Lune.»

«Sans doute parce qu'on t'a trouvé au moment de la lune croissante. Moi, on m'appelait autrefois Hirondelle du Printemps.»

Croissant de Lune et le poney restèrent chez Hirondelle du Printemps. Chaque jour, le petit garçon ramassait, selon les ordres de la vieille Indienne, des baies, des noisettes, des racines et des champignons en prévision de l'hiver, et aussi des réserves de bois pour le feu.

Quand il se rendit compte que la vieille femme s'affaiblissait et redoutait l'approche de l'hiver, il redoubla de zèle et alimenta jour et nuit le feu dans la grotte qui leur servait d'abri, pour en chasser l'humidité et le froid.

Puis vint l'hiver. La neige tomba pendant des jours et des jours.
Les flocons enveloppèrent tout et la forêt devint silencieuse. Il faisait très froid. Et la nuit, on entendait hurler les loups.

Chaque nuit, les hurlements s'approchaient un peu plus, se faisaient plus forts, plus menaçants. Et un soir, on put apercevoir les loups derrière les arbres.

«Ils flairent le poney, dit la vieille, mais ils craignent les flammes. Allume un feu dans l'entrée de la grotte et ne le laisse jamais s'éteindre!»

Croissant de Lune nourrit le feu sans relâche, afin de défendre l'entrée de la grotte. Les loups étaient maintenant tout près. Croissant de Lune voyait luire dans l'obscurité leurs yeux verts et leurs dents acérées. Et quand le sommeil alourdissait ses paupières, il s'efforçait de fixer son regard sur le poney qui tremblait de peur.

Un matin, les loups avaient disparu. «Ils auront trouvé autre chose à manger», dit la vieille. «Mais ils reviendront.»

Le poney avait peur et faim, mais sa patte guérissait. Chaque jour, Croissant de Lune le sortait dans la forêt pour le laisser chercher un peu de nourriture. Parfois, il faisait un peu moins froid, mais alors la neige recommençait à tomber.

Un jour, alors que les provisions avaient déjà bien diminué et que l'hiver était toujours aussi rigoureux, la vieille Indienne, qui ne se levait presque plus, se mit à chanter. Croissant de Lune l'écoutait sans bouger. Les yeux fermés, elle chanta pendant des heures et des heures le récit de sa vie. Peu à peu, sa voix se fit plus faible, puis s'éteignit.

Elle rouvrit les yeux, sourit à Croissant de Lune et dit: «Au dernier hiver de sa longue vie, Hirondelle du Printemps a reçu l'amitié de Croissant de Lune. C'est un Indien fort et vaillant. Lorsque les loups reviendront, il les chassera par le feu. Il vaincra le froid et la faim. Et au printemps, il cherchera ses parents. Il trouvera de bons parents et une bonne tribu, car Croissant de Lune a bon cœur.»

Puis, la vieille Indienne se tut et enfouit la tête sous sa couverture.

Plus tard, Croissant de Lune tira timidement sur la couverture, mais Hirondelle du Printemps ne bougea pas. Pris de peur, il rabattit la couverture et vit que la vieille femme était morte.

Croissant de Lune était terriblement triste. Mais malgré sa grande tristesse il se sentit calme et plein d'espoir. Il avait bien retenu ce que la vieille Indienne lui avait dit. Oui, au printemps, il partirait avec le poney à la recherche de sa tribu, et il retrouverait ses parents, il en avait la certitude.